DE LA

SUPPRESSION DES PAROISSES

PAR VOIE ADMINISTRATIVE

EXTRAIT

du Bulletin des Lois civiles ecclésiastiques

PARIS

LIBRAIRIE POUSSIELGUE FRÈRES

15, RUE CASSETTE.

1884

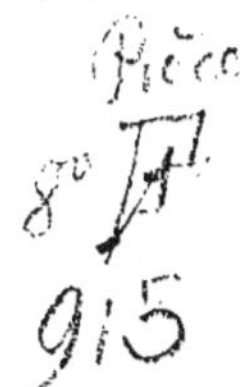

DE LA SUPPRESSION DES PAROISSES PAR VOIE ADMINISTRATIVE

La lutte que le gouvernement a engagée contre l'Église catholique présente ce triple caractère d'être lente, persévérante et de mauvaise foi. On cherche à endormir les chrétiens sur le danger que court, non leur religion qui est divine, mais l'exercice paisible de son culte, et on se forge dans l'ombre des armes dont on pourra se servir suivant les temps, suivant les lieux, capables de frapper un grand coup ou de réduire petit à petit les ressources du culte, selon le caprice et la haine de ceux qui les auront entre les mains.

Ces armes consistent dans la reconnaissance de prétendus droits qui feraient de l'Église la vassale de l'État, et qui donneraient à ce dernier l'étrange pouvoir de supprimer à sa guise toutes les églises de France, et d'affamer du jour au lendemain tous les ministres du culte.

La suppression arbitraire des succursales et des paroisses, comme la suppression arbitraire des traitements ecclésiastiques, voilà les droits que le Conseil d'État n'hésite pas à reconnaître au gouvernement, en violation des textes les plus formels et de la jurisprudence la mieux établie.

Aussi bien, convient-il d'analyser, de peser, de juger les termes de l'Avis rendu par le Conseil d'État le 21 décembre 1882, qui place l'existence du culte catholique entre les mains du gouvernement. L'histoire, les conventions, les lois, la raison condamnent cet Avis, qui n'est appuyé, de l'aveu même de la Direction des Cultes, que sur des motifs d'oppotunité, d'intérêt public et de sûreté générale.

I

Il y a plus d'un an, le Conseil d'État, saisi d'une demande de déclassement d'une succursale, fut amené à examiner et à résoudre la question de savoir s'il appartient au gouvernement de prononcer la suppression des cures et des succursales contrairement à l'avis de l'autorité diocésaine, et il résolut affirmativement la question.

« Considérant, dit-il, qu'en vertu des lois, ordonnances et

décrets (1), c'est au gouvernement qu'il appartient d'ériger les
succursales après *une instruction confiée aux évêques et aux préfets* ;

« Que l'intervention de l'autorité diocésaine dérive de la nécessité d'obtenir son concours pour la création d'une circonscription ecclésiastique, mais qu'elle laisse entier le droit de décision attribué au gouvernement ;

« Que si, pour la suppression des succursales, il y a lieu de suivre
la même procédure que pour leur création, et si à ce titre l'avis
de l'évêque est un élément essentiel du dossier, aucune disposition
de loi ni de décret ne lui attribue un droit d'opposition de nature
à arrêter l'exercice des prérogatives gouvernementales ;

« Considérant qu'il est conforme à l'esprit général de nos lois sur
la matière de laisser au gouvernement, statuant en Conseil d'Etat,
l'appréciation souveraine des conflits qui peuvent exister entre les
autorités locales, civiles et religieuses, alors surtout qu'il s'agit
de maintenir ou de supprimer un établissement public dont
l'existence peut imposer des charges au budget des communes et
de l'Etat ;

« Est d'avis qu'en principe *il appartient au Gouvernement de
supprimer les succursales, contrairement à l'avis de l'autorité diocésaine.* »

Examinons les termes des considérants de l'Avis, des articles du
Concordat et des articles organiques qui ont trait à la matière,
leur esprit et leur sens littéral; puis nous serons amenés à voir si
l'Avis est conforme aux textes, au bon sens et aux considérants
eux-mêmes.

Le premier considérant reconnaît tout d'abord qu'en vertu des
lois, ordonnances et décrets, il appartient au gouvernement
d'ériger des paroisses et succursales *après une instruction confiée
aux évêques et aux préfets.*

La première partie de ce considérant est très conforme au texte
de l'article 9 du Concordat combiné avec celui des articles 60, 61
et 62 des articles organiques.

En effet, aux termes de ces articles, il faut l'intervention d'un
décret pour ériger une cure ou une succursale ; mais la seconde
partie de la phrase qui ajoute : *après une instruction confiée aux
évêques et aux préfets,* est le commentaire erroné de l'article 9 du

(1) Art. 9 de la Convention du 26 messidor an IX. — Art. 60, 61, 62 de la
loi du 18 germinal an X (articles organiques).
Décret du 11 prairial an XII (art. 1, 2, 3).
Décret du 30 sept. 1807 (art. 1, 2, 3, et 4).
Ordonnance royale du 17 septembre 1819 (art. 1 et 2).

Concordat et la reproduction inexacte de l'article 61 des articles organiques.

Rappelons ici que les articles organiques ne peuvent s'appliquer qu'autant qu'ils se renferment dans les dispositions du Concordat: ils ne peuvent réglementer au delà, puisqu'ils n'ont pas été approuvés et reconnus par le Souverain Pontife.

L'article 9 reconnaît aux évêques le droit de faire une nouvelle circonscription des paroisses. Si donc l'article 61 des articles organiques ajoute *de concert avec le préfet*, cela veut dire que, dans l'instruction qui aura lieu, les préfets s'adjoindront à eux pour donner leur avis sur le décret proposé au gouvernement; mais l'évêque seul a le droit d'engager l'affaire, à lui seul appartient l'*initiative* et la *proposition* de la création d'une cure ou d'une succursale. Du reste, le fait n'a jamais été contesté, et jamais le gouvernement n'a cherché à imposer à un évêque la création d'une succursale ou d'une cure. Il reconnaît qu'il ne le pourrait pas faire, et la deuxième partie du premier considérant de l'Avis ne laisse aucun doute sur ce point. On y parle, en effet, de *la nécessité d'obtenir le concours de l'évêque pour la création d'une circonscription ecclésiastique.* Or, que peut signifier ce mot *concours*, sinon le fait de contribuer au succès de la chose à laquelle on apporte ce concours ? L'initiative étant entre les mains de l'évêque, et cela de l'aveu même du Conseil d'Etat, il en résulte que l'hypothèse d'un avis contraire de l'évêque ne peut pas se présenter. Si l'évêque propose la création d'une cure ou d'une succursale, c'est qu'il est favorable à son existence; l'instruction qui sera faite *de concert avec le préfet*, et que prévoient les articles organiques, sera postérieure à la proposition d'érection, qui est le privilège de l'évêque aux termes de l'article 9 du Concordat.

Ce partage d'attributions s'explique parfaitement par la pratique de notre ancien droit, qui donnait aux évêques pleins pouvoirs pour décider s'il y avait lieu ou non de créer une cure ou une succursale.

C'est le concile de Trente qui réglementa ce point d'une manière précise, en déléguant aux évêques le pouvoir même du Saint-Siège, et depuis lors le pouvoir des évêques en cette matière ne fut jamais contesté. Louis XIV lui-même n'avait point songé à y porter atteinte, et Napoléon fut le premier qui se réserva le droit d'intervenir par décret. Mais, comme nous allons le voir, l'évêque conserve toujours l'initiative, dernière limite des concessions possibles.

Voici comment s'exprime le concile de Trente à l'égard des villes ou des lieux où les paroisses n'ont pas de limites réglées,

2

et où les recteurs n'ont pas un peuple propre et particulier qu'ils gouvernent : « Le saint concile enjoint aux évêques en qualité de délégués du Saint-Siège apostolique, que, pour la plus grande sûreté du salut des âmes qui leur sont commises, distinguant le peuple en certaines paroisses propres, ils assignent à chacune son curé particulier et pour toujours, qui puisse connaître les paroissiens, et duquel seul ils reçoivent licitement les sacrements ; ou qu'ils apportent remède à cet inconvénient de quelque autre manière plus commode, selon que l'état et la disposition du lieu le requerront. Ils auront pareillement soin que, dans les villes et lieux où il n'y a point de paroisses, il en soit *fait* au plus tôt, nonobstant tous privilèges et toutes coutumes, même de temps immémorial. »

Plus loin le concile ajoute : « Lorsque, pour la difficulté et la distance des lieux, il se trouvera que les paroissiens ne pourront sans incommodité aller à la paroisse recevoir les sacrements et assister au service divin, les évêques pourront en établir de nouvelles contre la volonté même des recteurs, suivant la teneur de la décrétale *Ad audientiam de œdif. eccl.* »

Le concile entre ensuite dans le détail de l'instruction à faire ; il indique quelles sont les autorités à consulter ; les répartitions de biens et de revenus à établir entre l'ancienne et la nouvelle paroisse, et il reconnaît à l'évêque le droit absolu de créer les cures et les succursales, avec cette différence que les détails de l'instruction sont beaucoup moindres pour celles-ci que pour celles-là.

Comment le Concordat, qui avait pour objet de prévenir l'empiètement du pouvoir civil sur les droits de l'Eglise, aurait-il pu aliéner le droit des évêques et l'abandonner aux mains du gouvernement !

L'article 9 fait foi du contraire en reproduisant textuellement la phrase du concile de Trente : *Les évêques feront une nouvelle circonscription des paroisses de leur diocèse ;* le gouvernement est seulement autorisé à ratifier les propositions de l'évêque au point de vue de ses effets à l'égard de l'autorité civile, par un décret du chef de l'Etat. Cela s'explique, puisque désormais tout ce qui avait trait aux biens et aux revenus des églises est à la charge de l'Etat ou des communes. Quel est le caractère du pouvoir que l'article 9 reconnaît aux évêques ? Ce pouvoir est le même que celui que le Saint-Siège se reconnaît, à l'article 2, de faire une nouvelle circonscription des diocèses. Il a un même origine.

On a contesté le fait et affirmé que, dans l'article 2, il y a deux pouvoirs égaux qui traitent sur un pied d'égalité ; que le concours des deux pouvoirs est nécessaire pour agir, sans priorité de l'un sur l'autre, tandis que, dans l'article 9, l'évêque a un simple droit de présentation et le gouvernement un droit de décision.

D'abord nous ferons remarquer que le concours des deux pouvoirs doit exister dans un cas comme dans l'autre; que par conséquent il faut trouver, pour établir une différence entre les deux cas, un motif de droit ou la trace d'une intention différente de la part des parties contractantes.

Or voici comment s'exprime sur ce point le cardinal Caprara, légat *a latere* du Souverain Pontife Pie VII, chargé par un bref de ce Pontife de *procéder à ce qui est encore nécessaire pour que la nouvelle érection par lui faite de dix églises archiépiscopales et de cinquante églises épiscopales dans les pays soumis à la République française soit amenée à son entière exécution :*

Et d'abord Sa Sainteté nous ayant laissé entièrement le soin d'assigner à chaque diocèse son arrondissement et ses nouvelles limites, et d'expliquer d'une manière claire et distincte tout ce qui a rapport conformément à la pratique constamment observée par le Saint-Siège, nous eussions fait ici une énumération exacte de tous les lieux et de toutes les paroisses dont chaque diocèse devra être formé, pour prévenir les doutes qui pourraient s'élever dans la suite sur les limites ou sur l'exercice de la juridiction spirituelle de chaque évêque. Mais dans le moment il est impossible de faire aucune mention des paroisses, attendu que les archevêques et les évêques, dès qu'ils auront été canoniquement institués, seront obligés, chacun dans son diocèse, d'en faire une nouvelle érection, une nouvelle division, d'après le pouvoir qui leur est donné par Sa Sainteté dans ses lettres précitées commençant par ces mots : *Ecclesia Christi,* et que d'ailleurs les circonstances impérieuses et la brièveté du temps qui nous pressent ne permettent pas de nommer en particulier tous les lieux qui devront former en particulier le territoire de chaque diocèse.

Nous sommes donc forcés, pour ne pas laisser plus longtemps sans secours les Eglises de France..... (1), de chercher le moyen le plus court de fixer et d'expliquer toutes choses.

Nous donnerons ensuite à cet acte toute la perfection dont il est susceptible, lorsque nous aurons connaissance des paroisses et de tous les lieux contenus dans chaque diocèse.

Nous le demandons maintenant: y a-t-il oui ou non une analogie, bien plus, une parfaite connexité entre l'article 2 et l'article 9 ?

---

(1) Contrairement au système adopté par l'Administration des Cultes, les points ne représentent pas des mots qui changeraient le sens général de la phrase.

Le Souverain Pontife, reconstituant sur de nouvelles bases les circonscriptions ecclésiastiques de France, aurait pu, usant du pouvoir qu'il se réservait dans l'article 2 pour les diocèses, procéder lui-même à la circonscription des paroisses.

Mais en présence de la longueur et de la difficulté de la tâche, en présence des anciennes prérogatives exercées par les évêques, en vertu des règles énoncées au concile de Trente, il préfère déléguer son pouvoir aux archevêques et aux évêques (*tanquam Apostolicæ Sedis delegatus*, disait le Concile de Trente).

Le droit de l'article 9 dérive donc du droit reconnu au Souverain Pontife dans l'article 2 ; et l'article 10, qui porte que les évêques nommeront aux cures, correspond parfaitement au pouvoir qui leur est reconnu, dans l'article 9, de faire la circonscription des paroisses, de même que l'agrément du gouvernement pour la nomination n'est qu'une sanction donnée au choix des titulaires fait par l'évêque.

Le droit des évêques contenu dans l'article 9 est donc analogue au droit du Souverain Pontife dans l'article 2, et le droit d'initiative en matière d'érection de cures et de succursales appartient exclusivement à l'évêque.

Ce droit n'est pas d'ailleurs sans contre-poids, puisque le gouvernement est toujours libre de refuser son assentiment ; et c'est ce qui explique l'article 60 des articles organiques, qui dispose d'une manière générale et par voie législative qu'il y aura au moins une paroisse dans chaque justice de paix.

Cette disposition avait pour but de faire une première application de l'article 9 du Concordat. C'étaient les bases mêmes de la circonscription paroissiale que l'on posait ; c'était la garantie des engagements pris dans les articles 2 et 9 que l'on voulait donner en même temps que la promulgation du Concordat en France.

Mais, depuis cette loi, c'est toujours par décret que le gouvernement a procédé à l'érection des cures et des succursales, et il n'est pas sans utilité de montrer en quels termes ces érections ont eu lieu.

II

Au début, des décrets statuant par voie de mesure générale sont intervenus, qui ont, non pas créé des succursales déterminées, mais qui, par application des propositions adoptées par les lois de finances, ont décidé en principe l'érection d'un certain nombre de succursales pour tout le territoire français. Ce nombre était réparti entre les diocèses sans préjuger la création effective d'aucune d'elles, qui fut laissée à l'initiative des évêques.

Les principaux décrets rédigés en ce sens sont les décrets du 11 prairial an XII, du 30 septembre 1807 et l'ordonnance du 25 août 1819.

Le décret du 11 prairial an XII, rappelant les dispositions contenues à l'article 61 des articles organiques, dit que les évêques, de concert avec les préfets, procéderont à une nouvelle circonscription des succursales; puis un second décret du 5 nivôse an XIII dresse l'état, par départements et par diocèses, des succursales dont il était question à l'article 1er du décret du 11 prairial an XII.

Le premier décret met donc en demeure les évêques de faire leurs propositions relativement à la première circonscription des succursales, et le mot *de concert avec les préfets* indique bien que si le préfet est adjoint à l'évêque, c'est à l'évêque seul qu'appartient l'initiative et le droit de proposition. Cette disposition n'est d'ailleurs que la reproduction des termes des articles organiques, sans préjudice de l'article 9 du Concordat dont nous avons donné plus haut la rigoureuse interprétation.

Quelques années plus tard, le gouvernement croit utile de créer un nombre plus considérable de succursales.

Que fait-il? Il prend un décret qui porte le nombre des succursales de vingt-quatre mille à trente mille; mais comme ce décret ne peut avoir de valeur qu'autant qu'il ratifie des propositions faites par les évêques, le texte ne se prononce pas sur les circonscriptions elles-mêmes. Il érige six mille succursales, c'est-à-dire qu'il en autorise l'érection, mais ce sont les évêques qui, chacun dans leur diocèse, seront chargés de les répartir conformément à l'article 9 du Concordat.

La répartition en sera faite, dit l'article 2 du décret, de manière que le nombre des succursales mis à la charge du Trésor public par notre décret du 5 nivôse an XIII et celui qui est accordé par notre présent décret, comprenne la totalité des communes des départements; et l'article 3 ajoute : Cette répartition aura lieu à la diligence des évêques, de concert avec les préfets. Puis, à la fin du décret est annexé un état de répartition par département et par diocèse et non par succursales, le soin de régler les circonscriptions nouvelles à établir et les modifications à apporter aux anciennes étant remis à la diligence de l'évêque.

Ce n'est qu'après les propositions de l'évêque et une instruction minutieuse qu'un nouveau décret intervient et porte nominativement création des cures dans chaque diocèse.

L'ordonnance du 25 août 1819 procède de la même manière. Il sera érigé, dit-elle, cinq cents succursales en faveur des *diocèses* où le nombre des succursales établies n'est plus proportionné aux besoins des localités.

Et qui sera juge de ces besoins? les évêques chargés, aux termes de l'article 2, de faire une proposition.

Une ordonnance spéciale, dit cet article, désignera pour chaque diocèse les communes dans lesquelles les succursales nouvelles seront érigées d'après les demandes *des conseils municipaux, la proposition des évêques* et *l'avis des préfets*.

Dans tous ces cas, soit que l'état de répartition par diocèse soit annexé au décret, soit que l'on mette seulement en demeure chaque évêque de produire ses propositions, l'évêque doit être non pas consulté sur la question de savoir s'il y a lieu d'adopter telle ou telle circonscription nouvelle ou d'en modifier une déjà existante, mais appelé à proposer la répartition même des cures et des succursales dans son diocèse.

Et qu'on ne vienne pas objecter que les mots : *de concert avec le préfet* donnent à celui-ci les mêmes droits que ceux reconnus aux évêques pour l'érection d'une cure ou d'une succursale.

En effet, ce point est pour nous essentiel, le Concordat ne fait pas allusion à l'intervention du préfet et le consentement du gouvernement qui est demandé vise l'approbation par décret.

Quant à l'intervention du préfet, introduite sans accord avec le Saint-Siège par l'article 61 des articles organiques, elle n'est qu'une formalité d'enquête, que l'on doit suivre pour obéir à la loi mais que le Concordat n'a pas prévue.

Nous sommes les premiers à reconnaître que depuis la restauration du culte en France, tous les gouvernement se sont efforcés d'atténuer, en cette matière, le pouvoir des évêques et de transformer le véritable caractère du décret d'érection. Tous les termes ont été employés pour assimiler le rôle du préfet et celui de l'évêque. Mais il y a lieu de remarquer que jamais on n'a osé employer nettement cette formule : *le préfet et l'évêque* qui seule serait exacte, si l'évêque, comme le préfet, ne devait émettre qu'un avis.

Il est vrai que le décret de 1807 dit, dans l'article 4, *les évêques et les préfets* enverront les états qui seront dressés; mais on avait eu soin de mettre, dans l'article 3 : *la répartition aura lieu à la diligence des évêques*, par respect et par application de l'article 9 du Concordat.

Pour nous, tant que l'on emploiera des termes équivoques, et que l'on se refusera à mettre cette formule si claire : *le préfet et l'évêque régleront le nombre et l'étendue des succursales*, nous resterons convaincus que le gouvernement lui-même reconnaît qu'aux termes de la convention concordataire, la création des cures et des succursales dérive du consentement de deux pouvoirs, l'Eglise représentée par l'évêque et l'Etat intervenant par décret.

Tel fut le mode d'application de l'article 9 du Concordat et des articles 61 et 62 des articles organiques pour la restauration du culte dans les paroisses. Il est intéressant maintenant de jeter un coup d'œil sur la manière dont, postérieurement à ces époques de reconstitution fondamentale, des paroisses, cures ou succursales, furent érigées en France selon les besoins du culte.

La circulaire de M. le ministre de la justice et des cultes à NN. SS. les archevêques et évêques relative à l'érection de trois cents nouvelles succursales, en date du 26 août 1842, résume toute la procédure à suivre pour obtenir en tout temps une érection de paroisse.

Voici les termes de cette circulaire :

Monseigneur, dans sa sollicitude constante pour les besoins et les progrès de la religion, le roi a prescrit à ses ministres de proposer aux Chambres l'allocation, au budget de 1843, d'un crédit suffisant pour la créations de 300 succursales nouvelles.

Les Chambres se sont associées aux pieuses intentions du Roi... Ce bienfait, dont vous apprécierez toute la valeur, me permettra de donner une plus ample satisfaction aux vœux toujours renouvelés de l'Episcopat touchant la nécessité de mettre autant que possible à la portée de tous les enseignements de la religion, l'action salutaire de ses ministres et la célébration de ses mystères.

La distribution que j'aurai à soumettre au roi des circonscriptions paroissiales dont la loi de finances, pour l'exercice prochain, assure la dotation, pourra comprendre tous les diocèses du royaume, sans que je cesse de tenir compte, dans une équitable proportion, des faits antérieurs et de l'urgence relative des besoins.

Je vous prie en conséquence de proposer, avec toute la promptitude désirable, le tableau des succursales dont vous jugerez l'érection nécessaire dans l'étendue |de votre diocèse.

Vous savez qu'aux termes de l'art. 61 de la loi organique du 8 avril 1802 (18 germinal an X), ce tableau doit être concerté entre vous et le préfet de manière à ce qu'il réunisse le double assentiment de votre autorité et de la sienne.

Que doit-on conclure, dans la matière qui nous occupe, des termes et de l'esprit de cette circulaire de 1842 ?

La tradition administrative du premier Empire s'y retrouve tout entière. Du Concordat, il n'en est pas question, on ne parle que de l'application de l'art. 61 de la loi organique. L'intervention du préfet apparaît à chaque pas, on cherche à confondre son rôle avec celui de l'évêque. On peut donc dire, sans exagération, que les droits qui y sont laissés à l'évêque sont ceux que le Concordat lui donne, restreints à leur plus extrême limite.

Eh bien, ces droits sont de deux sortes : *l'initiative* et *la proposition*. Ce bienfait, dit le ministre, en parlant du vote de crédit émané des Chambres, ce bienfait me permettra de donner une plus ample satisfaction aux vœux toujours renouvelés de l'épiscopat. Est-ce l'autorité préfectorale qui demande des circonscriptions nouvelles? Non, ce sont les évêques. Voilà pour l'initiative. Ils émettent des vœux au nom des droits conférés par l'article 9 du Concordat. Mais le gouvernement leur répond : il me faut un crédit pour faire vivre ces succursales; jusqu'à ce que je sois assuré d'un vote des Chambres, je refuserai mon approbation par décret.

Le tableau des succursales est préparé par l'autorité épiscopale, dit la circulaire. Trois cadres sont remplis *par ses soins*. L'évêque en retient un pour minute, le second est déposé aux archives de la préfecture et le troisième est renvoyé au ministre par le préfet, revêtu de sa signature et de celle de l'évêque.

Les cadres sont donc dressés par l'évêque, et l'assentiment du préfet qui est exigé n'est que l'application de l'article 61 des articles organiques qui laisse en dehors l'initiative et les propositions à faire.

Que vont renfermer ces états de propositions que le préfet doit signer, mais *qu'il n'a pas à préparer ?*

La circulaire, sur ce point, s'exprime ainsi :

A l'appui de chacune de ces propositions, il y aura lieu de produire, Monseigneur :

1° Le certificat du maire constatant que, dans la commune ou dans la section destinée à former une paroisse, il existe une église et un presbytère décents, et, à défaut de presbytère, l'engagement pris régulièrement par le conseil municipal d'assurer au desservant un logement convenable.

2° Un inventaire des vases sacrés, linges et ornements qui se trouvent dans l'église.

3° Un tableau indiquant les villages, hameaux, habitations isolées, etc., qui seront attribués à la nouvelle circonscription; le nombre de ses habitants et celui des habitants de la paroisse dont il s'agit de les détacher.

4° Le plan en double expédition, revêtu de votre approbation et de celle de M. le préfet, de la succursale nouvelle, si son périmètre n'est pas exactement le même que celui d'une commune.

5° L'indication de la distance existant entre les diverses sections de la circonscription proposée et l'église dont elle dépend actuellement, ainsi que des difficultés de communication de cette église aux sections intéressées, indication fournie par l'ingénieur de l'arrondissement.

6° Les délibérations du conseil municipal et du conseil de fabrique.

7° Votre avis motivé.

8° L'avis du préfet.

La plupart de ces conditions sont spéciales aux besoins du culte et ne peuvent être remplies que par l'autorité épiscopale ; les autres, qui présentent un caractère plus particulièrement administratif, peuvent néanmoins être remplies par cette même autorité. Ce sont sur elles que porteront exclusivement sans doute les observations du préfet ; mais l'évêque, même sur ce point, a un droit certain et très respectable, car il ne faut pas l'oublier, il ne s'agit pas de créer un centre communal, une administration civile quelconque, mais une circonscription purement religieuse.

Quand on relit les cas marqués par la décrétale *Ad audientiam de Ædif. Eccl.*, d'Alexandre III, à l'effet d'ériger une nouvelle paroisse, on est frappé de l'analogie qui existe entre les conditions imposées alors à l'observation des évêques et celles exigées aujourd'hui et énumérées dans la circulaire de 1842.

« Il faut, dit cette décrétale, pour ériger une nouvelle paroisse, que les paroissiens ne puissent sans grande incommodité aller à la paroisse recevoir les sacrements et assister au service divin, principalement quand à cette distance se joignent des chemins impraticables en hiver, un torrent sujet à déborder, une rivière sans pont. S'il n'y avait donc qu'un accroissement de peuple ce ne serait pas une cause suffisante de démembrement ou d'érection d'une nouvelle cure.

« Il faut pour une érection de cure que l'évêque fait de lui-même, ou sur la réquisition des habitants :

« 1° Que le peuple soit assez considérable. Dix personnes suffisent. *Sufficiunt decem animæ quia decem faciunt plebem.*

« 2° S'il y a une chapelle construite dans un lieu commode, l'évêque doit la prendre plutôt que de faire bâtir une nouvelle église.

« 3° Il doit s'informer de la commodité ou incommodité et il faut que l'information vérifie les causes de l'érection.

« 4° Il faut appeler les intéressés, savoir : le curé de l'église dont on fait le démembrement et même les fabriciens. *Debet tamen requiri nec tantum rectoris Ecclesiæ, sed etiam aliorum omnium quorum interest prærequitur citatio.*

« 5° Il doit pourvoir à la dotation de l'église future en prenant sur l'église démembrée des revenus à proportion de ce qu'on démembre, ou en prenant sur la totalité ce qui est nécessaire à l'entretien des ministres de la nouvelle paroisse.

« 6° Conserver à l'église principale l'honneur et les droits qui lui sont dus.

« Après que l'évêque a observé toutes ces formalités, il doit en dresser son procès-verbal, et y faire mention du tout, et ensuite interposer son décret d'érection qui rend cette église une paroisse ou une nouvelle cure. »

L'édit de 1695, adoptant les règles posées par le concile de Trente, se repose sur la prudence des évêques pour déterminer les causes pour lesquelles se font les érections des cures ; mais l'usage du royaume est: que quand il y a un nombre suffisant d'habitants, ils peuvent demander à l'évêque une cure à titre perpétuel.

Cette législation de notre ancien droit et du droit toujours existant de l'Eglise romaine n'établit-elle pas d'une manière évidente, pour tout homme de bonne foi, que la circulaire de 1842 n'est que la reproduction exacte de cette ancienne procédure, modifiée par les dispositions de l'article 9 du Concordat, c'est-à-dire l'intervention nouvelle du gouvernement ? L'autorisation qui est donnée par décret est la conséquence de la dotation des cures et succursales par l'Etat. Mais en dehors de cette dotation et par suite du droit pour le gouvernement d'intervenir, les droits de l'évêque restent les mêmes.

Rapprochons, en effet, les dispositions de l'édit de 1695 de celles de la circulaire ministérielle, et que voyons-nous ? On consultait les habitants, on consultera le conseil municipal ; on consultait les fabriciens, on les consultera encore aujourd'hui. On exigeait une enquête *de commodo et incommodo*, elle aura lieu comme par le passé et elle portera sur les mêmes points. Enfin, de même qu'autrefois il était d'usage en France que *la division territoriale des paroisses faite par les évêques* eût lieu en présence du juge royal et du procureur du roi qui n'avaient pas le droit d'intervenir dans l'acte d'érection, de même le préfet assistera l'évêque dans l'instruction de l'affaire.

C'est une grave erreur, très accréditée aujourd'hui dans la foule qui juge et qui ne sait pas, de croire que la Révolution a fait table rase de toutes nos anciennes institutions. Sans doute il y a eu une époque où l'on ne gouvernait que par la terreur et la mort. Mais quand l'ordre fut rétabli, non seulement les lois nouvelles furent empruntées aux dispositions des lois anciennes, mais les dispositions des anciennes lois devinrent applicables toutes les fois qu'une loi nouvelle n'était pas intervenue pour les modifier.

Aussi bien le Conseil d'Etat, en matière de retenue de traitements ecclésiastiques, oubliant pour un instant que les biens du clergé avait été confisqués en 1789, prétendait-il baser le droit de retenue réclamé par le gouvernement sur le droit, exercé dans l'ancien régime, de saisie du temporel ; et tous les jours, en matière de voirie par exemple et de travaux publics, on applique les anciens règlements dans toute leur rigueur.

Il est donc certain que, d'une part, l'ancien droit a conservé sa force quand un droit nouveau ne lui a pas été substitué; qu'à plus forte raison, quand il s'agit de l'autorité ecclésiastique, les prescriptions du droit canonique sont applicables lorsque des conventions contraires inscrites au Concordat ne peuvent pas lui être opposées ; et qu'enfin, c'est aux anciens usages, aux anciens règlements, aux anciens textes qu'il faut avoir recours pour interpréter les articles du Concordat ou ceux des articles organiques lorsque, négligeant les détails, ils posent les bases de certains droits, sans en déterminer l'exercice.

Ces développements suffisent à démontrer que, pour l'érection d'une succursale, il faut l'accord de deux pouvoirs : l'un qui propose, l'autre qui statue.

En dehors de cette double manifestation de l'autorité ecclésiastique et de l'autorité gouvernementale, il n'y a que des actes d'instruction que la loi peut rendre obligatoires, mais qui restent en dehors du contrat intervenu entre le Pape et l'Etat français.

III

Nous nous sommes efforcés de délimiter les droits de l'Etat et ceux de l'autorité diocésaine en matière d'érection de paroisse.

Supposons maintenant que le gouvernement désire supprimer une cure ou une succursale.

Quel sera son droit, comment pourra-t-il l'exercer et quelle sera la part que devra prendre l'autorité ecclésiastiqne dans cette suppression ?

L'exercice du culte dans les paroisses entraîne une dépense régulière qui doit être proportionnée aux besoins et à l'importance de chaque paroisse. Il peut donc arriver, et il arrive quelquefois, que par suite d'un déplacement de population, de l'extension d'un centre au détriment d'un autre, une agglomération d'habitants devienne si petite qu'il n'y ait plus lieu de maintenir la paroisse qui lui était affectée.

Dans ce cas, il y a lieu de déclasser la cure ou la succursale.

Comment procèdera-t-on pour arriver à ce résultat ? L'Avis du Conseil d'Etat va nous répondre. Le troisième § du premier considérant de l'Avis renferme, en effet, cette phrase essentielle : *que, pour la suppression des succursales, il y a lieu de suivre la même procédure que pour leur création.* Il est impossible de tracer une règle plus claire et plus simplement formulée. En effet, pour savoir comment on doit procéder pour supprimer une succursale, il suffit de se reporter aux règles appliquées pour son érection. Les mêmes droits appartiennent aux mêmes autorités, la même instruction doit être faite, enfin les mêmes actes doivent intervenir.

Il faut donc affirmer que le déclassement d'une succursale exige, comme son érection, le concours de deux pouvoirs, le consentement de deux autorités : l'une qui propose, l'autre qui prononce le déclassement. D'une part, il faut la proposition de suppression faite ou consentie par l'évêque ; de l'autre, un décret qui statue, émané du chef de l'Etat.

Sans doute, le gouvernement peut demander aux évêques d'examiner des propositions de déclassement comme il propose à leur examen des demandes de classement. La mise en mouvement du droit d'initiative des évêques ne les lie pas plus dans un cas que dans l'autre, mais ce n'est que sur leur proposition et leur consentement formel que le gouvernement peut procéder au déclassement d'une cure ou d'une succursale.

Le fait de déclassement d'une succursale n'est pas nouveau. Dans notre ancien droit, les évêques supprimaient les cures quand il y avait lieu, en vertu des pouvoirs qu'ils avaient reçus de les créer. Dans le droit concordataire, bien que ces sortes d'actes n'aient pas fait l'objet de circulaires ministérielles, des succursales ont été supprimées suivant la même procédure que pour leur création, et les formalités exigées dans un cas ont toujours été suivies dans l'autre.

De même que les cures et les succursales n'avaient été établies que sur la proposition formelle de chaque évêque pour son diocèse, de même on avait soin d'obtenir le consentement formel de l'autorité épiscopale pour opérer leur déclassement.

Le doute n'existait dans aucun esprit, et la bonne foi faisait repousser par les plus indifférents toute autre solution. Ce n'est qu'à partir de 1879, époque où commence la persécution religieuse qui s'est continuée depuis, que le gouvernement, entrant en lutte

avec l'autorité diocésaine, éleva la prétention de supprimer les
cures et les succursales malgré l'autorité diocésaine.

Des décrets de suppression étant intervenus malgré la défense
éloquente des membres les plus éminents de l'épiscopat français,
on éprouva le besoin de donner une apparence de légalité à cette
mesure arbitraire. De là l'Avis du Conseil d'Etat, qui, tout en dé-
clarant dans ses considérants *que, pour la suppression des succursales, il y a lieu de suivre la même procédure que, pour leur création,*
décide *qu'il appartient au gouvernement de supprimer les succursales contrairement à l'avis de l'autorité diocésaine.*

De pareilles déductions se passent de commentaires, et il n'y
aurait plus rien à ajouter si nous ne désirions montrer que cet
Avis ne s'appuie que sur des textes étrangers à la matière, en lais-
sant de côté tous ceux qui la règlementent, et que, d'un autre côté,
il n'invoque que des arguments de sentiment qui peuvent se
résumer dans ce mot : *la haine de l'Eglise catholique.*

En ce qui touche les textes de loi, l'Avis du Conseil d'Etat s'exprime ainsi :

« Considérant qu'il est conforme à l'esprit général de nos lois
sur la matière de laisser au Gouvernement statuant en Conseil
d'Etat l'appréciation souveraine des conflits qui peuvent exister
entre les autorités locales civiles et religieuses. »

Puis une note indique que les textes à consulter sont principalement les articles 93 et 97 du décret du 30 décembre 1809 et l'ordonnance du 3 mars 1825.

Le premier de ces textes concerne *les fabriques des églises ;* l'article 93 porte que, « dans le cas où les communes sont obligées de
« suppléer à l'insuffisance des revenus des fabriques, le budget de
« la fabrique sera porté au conseil municipal. La délibération du
« conseil municipal sera adressée au préfet qui la communiquera
« à l'évêque diocésain pour avoir son avis ; dans le cas où l'évêque
« et le préfet seraient d'avis différents, il pourra en être referé,
« soit par l'un, soit par l'autre, au ministre des cultes. »

L'article 97 dit que, dans le cas où l'évêque prononcerait contre
l'avis du conseil municipal, il serait statué par décret rendu en
Conseil d'Etat, sur le rapport du ministre des cultes.

Quant à l'ordonnance de 1825, elle traite de l'affectation et de
l'aménagement des presbytères, et donne certains droits aux préfets et aux évêques ave c approbation par décret rendu en Consei
d'Etat.

Ainsi donc des règlements spéciaux sur les revenus des fabriques, et l'aménagement ou la dispositions des presbytères,
voilà ce que l'on nomme *les lois générales sur la matière.* Et l'ar-

ticle 9 du Concordat, et les commentaires qui l'ont suivi et la circulaire ministérielle de 1842 ne sont même pas mis en ligne de compte dans une pareille décision. Comment est-il possible de passer ces règles fondamentales sous silence ? Il n'est pas jusqu'aux articles 61 et 62 qu'on laisse dans l'ombre, sachant bien que le Concordat empêche qu'on en élargisse trop le sens.

Des arguments de texte, il n'y en a donc pas. Restent les arguments de sentiment. Ceux-ci sont nombreux et inspirés par les intentions connues du Gouvernement ; ils sont tous résumés dans les formules suivantes :

Si l'avis de l'évêque, dit-on, *est un élément essentiel du dossier, aucune disposition de loi ni de décret ne lui attribue un droit d'opposition de nature à arrêter l'exercice des prérogatives gouvernementales.*

Les prérogatives gouvernementales ! Voilà la base sur laquelle repose le droit du gouvernement. En effet, la Direction des Cultes est la première à reconnaître qu'il s'agit d'inaugurer une jurisprudence nouvelle, et de conférer au gouvernement la *prérogative* de violer la lettre et l'esprit du Concordat.

Le ministre des Cultes est en effet le premier à reconnaître que jamais une succursale n'a été, depuis le Concordat et sous les gouvernements précédents, supprimée sans l'avis conforme de l'évêque ; mais cela tenait à ce que le gouvernement et l'Eglise vivaient dans un état d'amitié et de condescendance réciproques. Une entente s'établissait entre l'évêque et le ministre ; et pour une succursale supprimée, l'évêque obtenait facilement, en échange, l'érection de plusieurs autres.

Aujourd'hui, il n'en va plus de même : le gouvernement témoigne, dans ses rapports avec l'Eglise, une malveillance qui trahit la haine. De là des dispositions vexatoires, des menaces, des mesures illégales et souvent violentes contre le clergé. De là aussi une attitude sans confiance comme sans faiblesse de la part de l'autorité diocésaine. L'Eglise, persécutée, se renferme dans ses droits. A quoi donc servirait le Concordat s'il ne parvenait à défendre dans une certaine limite l'exercice du culte catholique en France ? Le gouvernement, au contraire, considère le Concordat comme la limite des droits de l'Eglise, sans qu'il y ait pour lui de limite à ses vexations et à son pouvoir. L'Eglise prescrit-elle des processions, il les supprime ; un prêtre est-il un obstacle à l'impiété envahissante, il lui coupe les vivres ; un évêque dénoncet-il aux fidèles l'enseignement impie d'une école, ou leur rappelle-t-il les condamnations portées par l'Eglise contre l'usage de certains livres, il est censuré publiquement, et tout son diocèse est menacé de supporter les conséquences de son courage.

Et quand on oppose les textes les plus formels, les droits les mieux définis, on répond que c'est la prérogative du gouvernement de régler l'exercice du culte, que Napoléon n'était pas homme à laisser tant de liberté à l'Eglise, et qu'en toute chose il savait se réserver le dernier mot.

Cependant, en présence de la résistance des évêques, on n'osa pas soutenir tout d'abord le droit du gouvernement de supprimer les cures et les succursales ; et, comme cela avait eu lieu pour d'autres matières, le ministre des cultes procéda, pour commencer, par mesures individuelles et par espèces particulières. Les premières succursales déclassées contrairement à l'avis de l'évêque le furent en se basant sur ce que les formes exigées par la loi n'avaient pas été suivies pour leur érection, et que le décret qui créait la succursale n'avait pas été délibéré en Conseil d'Etat: qu'en conséquence, il y avait lieu de le rapporter.

On croyait le moyen bon ; car, en dehors des décrets généraux créant pour toute la France des succursales sans désignation particulière, toutes les succursales dans chaque diocèse ont été créées, sur le rapport du ministre du culte, par décret simple du chef de l'Etat.

Il suffisait dès lors de dire aux évêques : « Je supprime telle succursale, telle cure, de votre diocèse, parce que, en 1819, en 1842, ou en 1866, elle a été érigée sans l'intervention du Conseil d'Etat. »

Cette fin de non-recevoir n'a pas été admise par le Conseil d'Etat, qui, dans son Avis, la passe sous silence ; c'est un fait inouï que l'administration des Cultes ait osé l'opposer aux évêques, car il est de toute évidence que si l'Etat fait un acte sans y mettre les formes voulues, ce n'est pas à lui à se prévaloir de son irrégularité. Les textes sont d'ailleurs formels: les uns parlent de l'évêque et du chef de l'Etat, les autres de l'évêque et du préfet; les circulaires ministérielles exigent l'avis des conseils municipaux et des conseils de fabrique : l'avis du Conseil d'Etat n'est requis nulle part.

La fin de non-recevoir une fois écartée, il fallait à tout prix répondre aux évêques qu'ils ne pouvaient avoir raison, et que le gouvernement était maître de supprimer les cures et les succursales.

C'est ce qu'a fait l'Avis que nous venons d'analyser. Nous avons vu que les considérants sont en contradiction avec la conclusion. Il nous reste à indiquer quelle est sa portée pratique et l'application possible qu'on en peut faire.

IV

L'Avis du Conseil d'Etat en matière de suppression de succursales a pour résultat de placer l'existence même de toutes les paroisses de France entre les mains du gouvernement.

Il est vrai que les articles organiques ont déclaré, dans leur article 60, qu'il y aurait au moins une paroisse par justice de paix ; mais une loi peut, du jour au lendemain, abroger cette disposition. D'ailleurs il ne s'agit là que d'une garantie applicable à un très petit nombre de paroisses, et qui laisse au gouvernement, conformément à l'Avis du Conseil d'Etat la libre disposition de plus de trente mille cures et succursales.

Ainsi donc, demain, un décret du chef de l'Etat pourra venir dire :

Toutes les paroisses dont le nombre excède celui des justices de paix en France sont supprimées. Et cela malgré l'avis des autorités locales, le vœu des populations et les réclamations des évêques. Et ce décret ne sera pas entaché d'excès de pouvoir ; il sera conforme au texte et à l'esprit du Concordat, et trente mille paroisses disparaîtront d'un trait de plume, sans recours et sans contestation possible.

Mais, dit-on, jamais le gouvernement n'usera d'un pareil droit qui pourrait anéantir d'un seul coup l'exercice du culte. Nous répondons : il suffit qu'il s'en reconnaisse le droit, pour qu'il y ait lieu de craindre qu'il ne le fasse ; et d'ailleurs les mesures individuelles ne sont-elles pas plus à redouter que les mesures générales. Elles passent plus inaperçues et obtiennent des effets plus profonds et plus durables.

Et ne voit-on pas que le droit de supprimer les paroisses est une arme aux mains du gouvernement, tout comme le droit de supprimer les traitements ?

Une commune se refuse-t-elle à entrer dans la voie de l'irréligion et de la libre pensée, proteste-t-elle par ses votes contre la représentation nationale que la France s'est donnée, on influencera son vote par une menace de suppression de paroisse.

Un évêque maintient-il dans une cure un prêtre que le gouvernement soupçonne d'être trop dévoué aux intérêts religieux de ses paroissiens, ou fait-il des nominations qui déplaisent au gouvernement, on supprimera la paroisse, ne pouvant supprimer le desservant.

Voilà, actuellement, quelle est l'application que le gouvernement compte faire de son droit. On peut dire qu'un pareil pouvoir est la main-mise de l'Etat sur le libre exercice du culte catholique.

Non seulement c'est la violation d'un article du Concordat, mais c'est la violation flagrante du Concordat tout entier, de son esprit, de son but, de sa raison d'être.

Le Concordat met en tête de ses articles :

La Religion catholique, apostolique et romaine sera librement exercée en France.

L'Avis du Conseil d'Etat substitue à ce texte cette pensée :

« La Religion catholique sera exercée en France dans la mesure qu'il plaira au gouvernement. »

Est-ce donc à cet asservissement que tendait le Concordat? et est-il possible d'accepter un seul instant sans injure une pareille interprétation?

Eh quoi donc! le Pape, chef de l'Eglise universelle, aurait aliéné entre les mains du Premier Consul ce droit, que les évêques n'exercent que comme ses délégués, de créer des paroisses, c'est-à-dire le centre même de la vie religieuse au milieu des peuples? Il aurait abandonné au gouvernement français le soin d'étendre ou de supprimer l'exercice même du culte? en un mot, il aurait livré le sort de la religion à l'autorité civile !

Non, le Souverain-Pontife n'a jamais consenti une semblable abdication de ses droits. Il a dit au gouvernement: « Vous prenez à votre charge l'entretien et les frais du culte catholique qui est rétabli en France, et vous demandez à ratifier la création des paroisses qui entraînerait pour vous une charge pécuniaire. En conséquence, nous disons à nos évêques qu'ils ne pourront créer une paroisse que si le gouvernement consent à son érection, et par cette érection s'engage à subvenir à son entretien. C'est un contrat nouveau qui, pour chaque paroisse, lie l'Etat et l'évêque, comme le Concordat lie l'Etat et la Papauté. Le concours des deux pouvoirs, nécessaire pour fonder, est nécessaire pour détruire. »

Il faut choisir, car l'une des deux solutions s'impose. L'une s'appuie sur l'histoire, sur les textes, sur les commentaires sur l'esprit du Concordat, sur le plus vulgaire bon sens.

L'autre conduit à des conséquences violentes, dangereuses, absurdes : c'est la négation même du Concordat; c'est la suppression du culte en France par voie administrative.

6762. — Paris. F. LEVÉ, Imprimeur de l'Archevêché, 17, rue Cassette.

LIBRAIRIE POUSSIELGUE FRÈRES

RUE CASSETTE, 15, PARIS.

BULLETIN DES LOIS CIVILES ECCLÉSIASTIQUES

REVUE MENSUELLE
DU DROIT ET DE LA JURISPRUDENCE EN MATIÈRE RELIGIEUSE

ET

DU CONTENTIEUX DU CULTE

A l'usage des membres du clergé, des curés, desservants, vicaires, aumôniers; des conseils de fabrique, des chapitres, séminaires, congrégations religieuses et en général de toutes les personnes qui, par leurs fonctions, ont à s'occuper de l'administration des affaires de l'Eglise en France.

CONTENANT :

LÉGISLATION. — Le texte des lois, décrets, arrêtés, circulaires, décisions ministérielles et généralement de tous les actes de l'autorité civile relatifs au droit public de l'Eglise, à l'administration temporelle des paroisses et des établissements ecclésiastiques de toute nature.

Des études critiques sur les projets de loi en préparation dans les Chambres.

JURISPRUDENCE. — Les arrêts et avis du Conseil d'Etat : arrêts de la Cour de cassation, des Cours d'appel ; jugements des tribunaux; arrêtés des conseils de préfectures, et toutes décisions des diverses autorités et juridictions en matière ecclésiastique.

Les observations ou discussions auxquelles peuvent donner lieu ces divers documents.

ADMINISTRATION FABRICIENNE. —

Tout ce qui est relatif à l'organisationn et à l'administration des conseils de fabrique avec l'indication des fonctions et travaux de ces conseils et du bureau des marguilliers pour chaque mois de l'année.

CONSULTATIONS. — Des consultations sur toutes les questions de droit et de jurisprudence pouvant intéresser les ministres du culte, les conseils de fabrique, les établissements religieux, etc., etc.

BULLETIN RELIGIEUX. — Les actes officiels du Saint-Siège et de l'épiscopat; une revue mensuelle des faits dignes de figurer dans les annales ecclésiastiques, et tout ce qui est de nature à intéresser l'Eglise, l'histoire, la littérature, les sciences et les arts dans leurs rapports avec la religion.

36ᵉ ANNÉE

RECUEIL FONDÉ EN 1849 ET DIRIGÉ PENDANT TRENTE-CINQ ANS
Par M. G. DE CHAMPEAUX, auteur du *Code des Fabriques.*

RÉDACTEUR EN CHEF : M. Camille RÉMONT
Avocat à la Cour d'appel de Paris.

Le *Bulletin des lois civiles ecclésiastiques* paraît à la *fin* de chaque mois. Chaque livraison mensuelle, composée de 2 feuilles in-8°, est envoyée sous couverture imprimée et FRANCO.

Les douze livraisons forment un beau volume complété par une table alphabétique et raisonnée.

On ne peut s'abonner pour moins d'un an, savoir du 1ᵉʳ janvier au 31 décembre de chaque année. La personne qui souscrit dans le courant de l'année, reçoit immédiatement les livraisons qui ont paru depuis le 1ᵉʳ janvier.

Les abonnements sont payables par mandat-postal, au nom de **MM. POUSSIELGUE frères, libraires-éditeurs, rue Cassette, 15, à Paris**, ou recouvrables à domicile, suivant le désir exprimé par l'abonné. Dans ce cas, il y a un supplément de 75 *centimes* pour frais de recouvrement.

Les payements en timbres-poste sont refusés.

Prix de l'abonnement, **HUIT fr.** pour Paris et les dép.; **DIX fr.** pour l'étranger.

Tout abonné a droit de consultation par lettre affranchie adressée aux Bureaux du BULLETIN et contenant un timbre-poste pour la réponse.

Paris. — LEVÉ, Imprimeur de l'Archevêché, rue Cassette, 17.

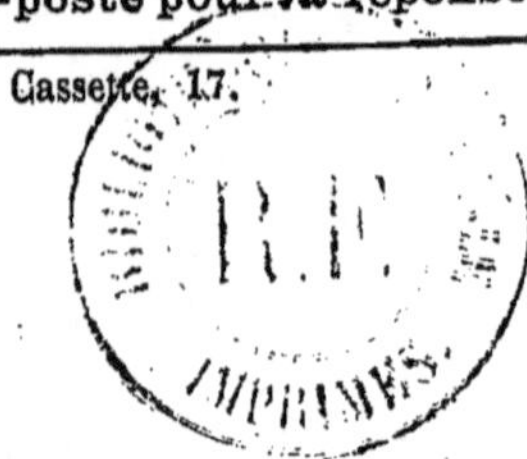